Contes

BIZARRES

Du Chevalier A. B.... A.

PARIS.

IMPRIMERIE DE VINCHON,
RUE J.-J.-ROUSSEAU, N°. 8.

1833.

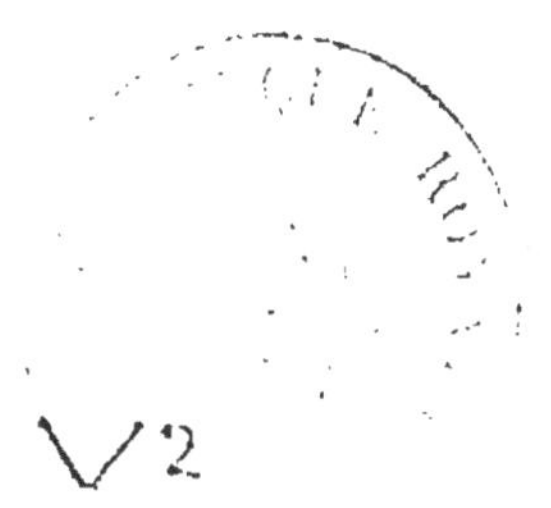

La Boiteuse.

LA BOITEUSE.

PAULINE.

QUELLE erreur de croire que parce qu'on a le malheur
d'être boiteuse on n'est plus bonne à rien dans le monde!
Quelle absurdité, grand Dieu! et combien les hommes
sont injustes à notre égard du moment que la moindre
imperfection vient détruire ce qu'ils paraissaient admirer
en nous! Ils préfèrent des charmes passagers à des qua-
lités durables, et par cela même nous forcent de croire
qu'ils n'aiment de nous que ce qu'ils ignorent; cela est
si vrai que je me rappelle avoir entendu dire, étant fort
jeune encore, à un homme du monde à qui l'on vantait
la beauté d'une femme de la société : « Elle est jolie,

» j'en conviens, mais elle ne m'inspire pas de curiosité. »
N'est-il pas cruel, je te le demande, que, orpheline et
libre de mes actions, je n'aie trouvé jusqu'à présent à me
marier qu'avec des gens qui, spéculant sur mon infirmité,
ne me recherchaient que pour ma fortune; tandis que
Louise, ma meilleure amie, ma compagne d'enfance, ne
possédant pas une obole, mais en revanche douée d'une
figure charmante, remplie de grâce et de talens, au mépris
de l'amitié qui nous lie et de l'aveu que, dans un moment
d'abandon, je lui fis de mon amour, épouse Arthur,
l'homme dont mon cœur a fait choix, et dont je suis dé-
daignée!.... Qu'elle soit heureuse, je le souhaite; j'envie
son sort et lui pardonne. Mais, ne pouvant supporter une
idée qui empoisonne ma vie, et voulant absolument mettre fin à un chagrin de tous les instans, je vais me marier
aussi, et j'épouse M. Nicolas, si cela lui convent.

ERNESTINE.

Mais y penses-tu? un pareil mariage est indigne de
toi.

PAULINE.

Eh! pourquoi? M. Nicolas n'est pas d'une grande
naissance, il est vrai, mais c'est l'homme du monde le
plus recommamdable; il a servi avec honneur et distinc-
tion sous l'empire, et, comme les plus anciennes familles

de France, s'est anobli sur le champ de bataille : je ne crains donc plus de déroger en m'unissant à lui.

ERNESTINE.

Et s'il ne voulait pas de toi ?

PAULINE.

Ah ! peux-tu le penser ? Lui qui fut pour moi d'une bonté extrême l'année dernière à la fête d'Arboville, où, selon l'habitude, tout le monde me fuyait au moment de la promenade ; car, hélas ! il faut bien en convenir, ce n'est pas gai de donner le bras à une boiteuse !... Néanmoins il eut pitié de moi et devint mon chevalier. A peine étions-nous au bout de la grande allée de tilleuls, que déjà la société divisée en autant de groupes que de personnes qui se conviennent, avait pris des sentiers différens, et que nous restâmes seuls. Nous causâmes fort longuement et j'eus tout le loisir de l'apprécier ; aussi depuis ce temps ai-je conçu de lui l'opinion la plus favorable, et suis-je intimément convaincue que personne plus que lui ne peut faire le bonheur d'une femme.

ERNESTINE.

Prends bien garde qu'un moment de dépit ne te condamne à d'éternels regrets ; car c'est presque toujours ainsi que finissent les mariages de pure vengeance.

Cette conversation fut interrompue par l'arrivée d'un domestique, qui annonça M. Nicolas. Ernestine se leva aussitôt, prit congé de sa cousine en l'embrassant tendrement, et en lui recommandant de ne rien précipiter avant d'avoir bien réfléchi au parti désespéré qu'elle allait prendre.

PAULINE.

Je vous sais gré, monsieur, de l'empressement que vous avez mis à vous rendre à mon invitation.

NICOLAS.

J'étais impatient, je vous l'avouerai, mademoiselle, de connaître l'affaire importante qui me procure l'honneur d'être reçu pour la première fois chez vous.

PAULINE.

En ma qualité de vieille fille, car c'est ainsi, je crois, qu'on nous appelle dans le monde du moment que nous avons trente ans, j'ai trouvé plus convenable de vous entretenir de vive-voix que par écrit d'un projet d'où dépend le bonheur de ma vie... Vous êtes homme d'honneur, je ne puis en douter; en tout état de choses, je compte sur votre discrétion, et n'hésite pas à vous offrir de partager ma fortune en devenant mon époux !...

NICOLAS.

Je ne sais comment vous exprimer ma reconnaissance; mais je ne puis accepter.

PAULINE.

Ainsi donc vous me refusez? vous en qui j'avais mis toutes mes espérances d'avenir et de bonheur; car je ne vous le dissimule pas, il n'y a que vous au monde qui puissiez me rendre heureuse.

NICOLAS.

Daignez m'entendre, et vous jugerez vous-même des motifs qui me forcent de refuser un mariage qui, en toute autre circonstance, eût mis le comble à mes vœux.

PAULINE.

Expliquez-vous....

NICOLAS.

Mon nom, qui n'est rien moins que distingué, mais dont je m'honore et que je suis fier de porter parce que je le tiens de parens irréprochables, qui ont toujours su le fairé respecter, serait néanmoins l'objet de la risée de vos amis. Ma naissance, que je préfère cependant à beaucoup d'autres, serait jugée indigne de vous; enfin, ma fortune, inférieure à la vôtre, ne serait pas en harmonie avec ce que vous possédez, et je vivrais dans la dépendance. Je ne veux devoir que le bonheur à la femme que j'épouserai, parce que je suis certain de pouvoir m'acquitter chaque jour de cette dette en la rendant heureuse. Voilà, mademoiselle, ma profession de foi; elle est aussi sincère que votre aveu a été franc.

PAULINE.

S'il en est ainsi je puis d'un seul mot dissiper vos craintes. D'abord je m'estimerais heureuse, je vous l'avoue, de porter un nom que vous avez couvert de gloire. Quant à la naissance, vous ne me le cédez en rien ; mon père était, comme le vôtre, un honnête artisan, que des vues ambitieuses firent changer de nom en achetant fort chère une savonnette à vilain qui le fit descendre du premier rang de la bourgeoisie, où il jouissait de l'estime générale, au dernier rang de la noblesse, où il fut à peine regardé. Nos fortunes peuvent facilement s'égaliser au moyen d'une somme que je reconnaîtrai avoir reçue de vous, et dès-lors tous les obstacles seront levés.

Touché de tant de générosité, Nicolas céda au désir de Pauline, mais à la condition expresse qu'ils seraient séparés de biens, afin de pouvoir se retirer le jour où elle manquerait à l'une des conditions qu'elle s'était imposées.

Pendant cet entretien rempli de franchise et de loyauté, dont le seul but était d'assurer le bonheur de deux êtres faits l'un pour l'autre, Mme de G..., mère de Louise et veuve d'un spéculateur qui, après avoir fait une brillante fortune, fut tout à coup ruiné à la Bourse; Mme de G..., dis-je, femme astucieuse, intrigante, de mœurs assez légères et fort à court d'argent, profitant de l'amour que sa fille avait inspiré à Arthur, discutait par sous et deniers les conditions auxquelles elle donnait son consentement à leur mariage, qui, par une bizarrerie assez singulière, fut fixé au jour et à l'heure même choisis par Pauline pour le sien avec Nicolas.

Dans une petite ville, deux mariages en un jour équivalent à un événement; et en effet c'en fut un, car la société, déjà divisée, le fut bien plus encore après la célébration, où il avait été facile de remarquer le peu de monde qui s'était rendu à l'église de la Trinité, où s'était mariée Pauline; tandis que Sainte-Thérèse ne pouvait contenir le nombre de curieux attirés à celui de Louise, qui réunissait l'élite de la société, et pour lequel

Arthur avait déployé un luxe aussi grand que Nicolas avait observé de simplicité et de modestie. Dans cette circonstance, toute son ambition s'était bornée à faire du bien aux pauvres; ce qui fit dire aux gens du peuple, qui nous appellent toujours du nom de nos difformités, que le mariage de la boiteuse serait le meilleur des deux; le sobriquet lui en resta et acquit par la suite une bien grande popularité parmi les malheureux, auxquels elle fit de nombreuses aumônes.

Des fêtes magnifiques furent données par Arthur, dont le bonheur était sans exemple. Nicolas voyait peu de monde, mais pouvait compter sur des amis sincères; constamment occupé de régir les biens de sa femme, il ne tarda pas à en augmenter les revenus, qui, en moins de trois ans, furent triplés: Il n'en était malheureusement pas ainsi de la fortune d'Arthur, qui avait déja éprouvé de grands échecs pour soutenir le train sur lequel sa belle-mère lui avait persuadé que sa maison devait être montée, afin, disait-elle, d'en imposer au vulgaire et d'occuper le premier rang de la société, ce qui ne pouvait manquer de lui fournir les moyens d'arriver tôt ou tard aux grands honneurs et aux grands emplois.

Le terme étant venu pour Arthur de rembourser une somme assez considérable qu'il avait été forcé d'emprun-

ter pour de folles dépenses, il tomba dans un tel embarras
qu'il fut obligé de vendre une de ses fermes à vil prix
pour se procurer les fonds dont il avait besoin pour s'acquitter. A cette nouvelle, qui se répandit avec la rapidité
du mal, tout le monde crut Arthur ruiné, et chacun le
plaignait d'avoir ainsi compromis son existence en suivant
les perfides conseils de sa belle-mère. Si Pauline l'eût
osé elle fût venue à son secours! Mais quels ménagemens
n'avait-elle pas à garder envers Nicolas, qui chaque jour
acquierait de nouveaux droits à son estime.

Mme. de G... ne voyant que trop que le blâme
général retombait sur elle, eut assez d'empire sur l'esprit
faible d'Arthur pour le déterminer à passer l'hiver à Paris,
où elle avait la certitude, disait-elle, de lui faire obtenir
une place magnifique qui le mettrait bientôt à même de
de rétablir sa fortune et de faire cesser les mauvais propos
que l'on commençait à débiter sur son compte. Arthur,
beaucoup trop crédule et trop confiant, consentit à tout
ce que lui proposa sa belle-mème, et peu de temps après
ils partirent pour Paris. Arthur voulait y prendre un lo-
gement modeste et peu coûteux; mais sa belle-mère l'en
dissuada, en lui disant qu'il fallait au contraire affecter
une aisance bien au-dessus de sa fortune, et se loger de
manière à recevoir ce qu'il y avait de mieux à la ville et à
la cour.

Le départ d'Arthur fut une grande perte pour la société, car il n'existait pas de maison qui puisse rivaliser avec la sienne. Pauline s'affligea en secret d'une séparation qui la priverait de rencontrer parfois un homme qu'elle ne pouvait bannir entièrement de son cœur et dont la vue seule lui faisait éprouver une sensation qu'elle ne pouvait s'expliquer.

Il y avait à peine huit jours qu'Arthur habitait la capitale, que, par les soins de sa belle-mère, il donna une soirée des plus brillantes et des mieux ordonnées. Elle se composait en partie de cette classe de gens que l'on rencontre partout, qui viennent on ne sait d'où, et qui vivent on ne sait comment, mais dont la mise élégante et les bonnes manières leur ouvrent toutes les portes et en font des figures de fondation dont on ignore souvent le nom. Louise, belle comme les anges et d'une mise extrêmement recherchée, obtint un grand succès, et bientôt la maison d'Arthur fit du bruit dans le monde.

Parmi les personnes qu'Arthur voyait le plus fréquemment se trouvaient de ces misérables spéculateurs qui ne possèdent rien par eux-mêmes et exposent le bien des autres pour s'enrichir de leur dépouille. Enhardi cependant par quelques opérations heureuses, Arthur n'hésita pas à placer une nouvelle partie de ses biens

dans des entreprises qui tournèrent mal et qui l'obli-
gèrent à de nouveaux sacrifices pour se tirer d'affaire.
Pendant qu'il compromettait ainsi sa fortune par des
chances aussi funestes, sa belle-mère ne quittait pas le
ministère, où elle sollicitait en vain un recette générale
pour son gendre. Louise, jeune encore, sans expérience,
entourée d'un essaim de jeunes gens qui cherchaient à
lui rendre le séjour de Paris le plus agréable du monde,
vivait dans une sphère de peine et de plaisir qui lui faisait souvent comparer la vie à une minute composée de
siècles; car, si le plus grand bonheur que puisse éprouver une femme, celui d'être l'objet de l'admiration, des
soins et des hommages de tous les hommes, la rendait par-
foisheureuse, elle avait bien souvent à souffrir des inquié-
tudes, des craintes et des embarras continuels dans
lesquels Arthur vivait et dont il s'entretenait souvent
avec elle. Un jour il lui fit entrevoir le danger de leur
position, et lui dit que le seul moyen d'en sortir était de
vendre le peu de bien qui leur restait, et de passer à
l'étranger, où il trouverait les moyens de rétablir sa
fortune presqu'entièrement perdue. Louise se prononça
avec tant de véhémence contre ce projet, qu'elle fit naître
dans l'esprit inquiet d'Arthur des soupçons qu'il se pro-
mit d'éclaircir aussitôt. Dès-lors toute confiance fut dé-
truite entre eux, et l'affreuse jalousie vint augmenter
cet état de fièvre continuelle qui ne lui laissait pas un

moment de repos. Il épia Louise; et ne tarda pas à s'apercevoir que le comte St.-P. en était aimé. Ne cherchant plus que l'occasion de faire éclater son indignation, un matin il entra dans la chambre de Louise au moment où elle s'y attendait le moins, et trouva le comte à ses genoux. Ne pouvant plus se contenir, il lui plongea son épée dans le cœur et l'étendit mort à ses pieds. A la vue du sang qui coulait, Arthur s'effraya, prit la fuite, et, se jetant dans un cabriolet de place, disparut. Les cris de Louise attirèrent les gens de l'hôtel; des curieux y pénétrèrent aussi, un officier public fût appelé à l'instant même pour dresser procès-verbal du meurtre qui venait d'être commis par Arthur, et les tribunaux furent saisis de cette affaire à la requête de la famille du comte de St.-P.

Remis de ce premier moment de terreur, Arthur, trop convaincu des suites funestes qui devaient résulter du crime qu'il avait commis, s'enfuit en Angleterre, où il apprit bientôt par les feuilles le jugement qui le condamnait au bannissement et à la confiscation de ses biens. Privé de toutes ressources, accablé de chagrin, la misère lui fit perdre la tête, et au bout de deux ans il mourut fou.

De son côté, Louise, accusée d'être l'auteur de la mort du comte, de la ruine et de la fuite d'Arthur, né sul d'abord où cacher sa honte; obligée de quitter son hôtel de la Chaussée d'Antin, elle se réfugia sous les toits, dans une petite chambre mansardée, au fond du Marais, où elle passa six mois dans les larmes, ne voyant aucune des personnes qui avaient été témoins de sa grandeur déchue. Déjà à cette époque les besoins commençaient à se faire sentir; le peu d'argent comptant que sa mère avait pu soustraire avant la mise des scellés était tout ce qu'elle possédait : il fallut engager une partie des bijoux, et plus tard les vendre. L'affreuse misère s'approchait à grands pas et faisait frémir Louise, qui malheureusement avait trop négligé ses talens d'agrément pour en faire un noble usage en donnant des leçons. Au lieu de cela elle éprouvait à chaque instant de nouvelles privations, et fut mille fois tentée de mettre fin à une existence qu'elle ne pouvait plus supporter. Sa mère, après avoir épuisé tous les ressorts de l'intrigue, ne sachant plus où donner de la tête pour lui procurer les moyens de satisfaire aux plus pressans besoins, eut l'horrible pensée de lui faire faire ce qu'elle appelait une connaissance utile; mais, connaissant trop Louise, dont l'âme élevée avait pu être sensible à la passion du comte, pour n'être pas certaine qu'elle ne s'indignât à la seule idée de devenir, par cela seul, le vil instrument d'un amour qu'on ne pourrait partager, se garda bien de lui en parler. Louise, ignorant donc les trames ourdies par sa mère pour la perdre, revenant un soir de l'église St.-Paul, où elle avait été cherché des consolations dans un sermon de l'abbé D..., fut accostée sur la place de l'Arsenal par un vieux monsieur décoré de plusieurs ordres, qui se fit reconnaître à sa mère pour un ancien ami de son père : à ce titre il fut reçu chez elle le lendemain, où, jugeant de son embarras, il lui fit accepter une somme assez forte pour parer aux premiers besoins; plus tard il lui meubla un appartement charmant, qu'elle ne consentit à occuper qu'à la sollicitation de sa mère. Enfin il n'est aucun moyen qu'il n'employât pour la séduire. Malheureusement pour Louise, il fut obligé de quitter Paris au bout de six mois, pour prendre le commandement d'une division militaire; et dès-lors tout fut rompu.

Un premier pas fait dans ce genre de vice vous entraîne bientôt à l'oubli de vous-même, on ne le sait que trop; où la honte cesse, le vice commence; de ce moment vous êtes perdu à jamais, il n'y a plus moyen de rétrograder, et vous arrivez sans vous en apercevoir au dernier degré de la dépravation, poussé par le génie du mal.

Louise ne devint malheureusement qu'une preuve trop convaincante de cette vérité. Egarée, la tête perdue, elle se livra sans réserve à tous les excès d'une vie débauchée; de cruelles souffrances la rendirent méconnaissable à tous les yeux, en abrégeant ses jours ; et c'est dans cet état voisin de la mort, qu'un soir elle entendit frapper à la porte de son misérable réduit. Sa mère ouvrit en s'écriant : « Grand Dieu !... c'est la boiteuse ! » En effet, Pauline ayant appris l'horrible misère où était plongée sa compagne d'enfance, avait obtenu sans peine de Nicolas la permission de venir la secourir. Mais, hélas ! il était trop tard, Louise avait déjà perdu connaissance, et peu d'instans après, expira dans les bras de son amie.

Pauline lui fit rendre les derniers devoirs, plaça sa mère à l'hospice des vieillards, et revint au sein d'une famille qui la chérissait, jouir du bonheur de rendre heureux tous ceux qui l'entourent.

LA

GOUTTE DE SANG.

Le jeune comte Gustave de Winski, en parcourant l'immense domaine dont il venait d'hériter de son père, monta sur le sommet de la vieille tour de l'ermitage de St.-Paulioska pour découvrir au loin les ruines de l'ancienne abbaye de Stokwal, si renommée dans ces temps d'ignorance et de crédulité par l'empire qu'exerçaient sur l'esprit superstitieux des paysans hongrois, aussi généreux que vindicatifs, les miracles auxquels donnaient lieu les fréquentes apparitions de la dernière abbesse, qui fut massacrée par les impériaux lors des guerres où ils pillèrent et dévastèrent ce magnifique couvent.

A peine Gustave avait-il reconnu quelques débris de cet antique édifice, presque enseveli sous des buissons de ronces sauvages, qu'il vit une jeune fille portant la livrée de l'indigence, mais dont le noble aspect lui causa une surprise mêlée d'admiration ; elle s'avançait à pas lents, et semblait profondément préoccupée : elle s'agenouilla au pied de la croix, et pria avec ferveur. Il la contempla long-temps ; elle lui parut belle comme l'idéal. Sa taille svelte et élancée, renfermée dans un corsage écarlate surmontant une jupe de bure carmélite, avait la finesse, la grâce et la volupté d'une sylphide ; ses longs cheveux, noirs comme l'ébène, retombaient en tresses sur des épaules plus blanches que le lys, et une douce mélancolie répandue sur toute sa personne lui donnait un air de dignité qui en imposa tellement à Gustave, qu'il oublia qu'il était son souverain prince et maître, et que ses droits seigneuriaux lui permettaient de la traiter en serf, en vassale ; car ce ne fut que long-temps après cette époque, en 1785, que l'empereur Joseph II abolit le vasselage et la servitude en Hongrie.

Descendu de la tour, Gustave s'approcha d'elle, lui demanda qui elle était, et ce qui pouvait l'amener en ces lieux. — J'ai nom Rébecca, monseigneur, lui répondit-elle les yeux baissés, et je viens dans cette retraite sainte prier pour le forgeron Kirek, mon malheureux père, qu'un travail pénible et forcé va faire descendre dans la tombe avant l'âge..... — Que puis-je faire pour prolonger ses jours? — Rien, monseigneur, rien..... L'abbesse de Stokwal pourrait seule opérer ce miracle; mais hélas! où trouver jamais quelqu'un d'assez courageux et compâtissant pour m'accompagner près d'elle à l'abbaye, et m'assister dans l'épreuve si dangereuse de la goutte de sang? Gustave, encore dans la fougue de la jeunesse, ne voyant dans cette aventure mystérieuse qu'un moyen sûr de gagner le cœur et l'esprit de Rébecca, et dans l'espoir peut-être aussi de lui faire partager plus tard l'amour qu'elle lui avait inspiré du moment qu'il l'avait vue, offrit à cet être vraiment céleste de l'accompagner à l'ancienne abbaye. Elle accepta, et le dimanche des Rameaux, dès l'aube du jour, ils se réunirent à l'ermitage, d'où ils partirent pour ce sinistre pélerinage, en priant Dieu de bénir leur périlleuse entreprise; car les ballades et fabliaux d'alors ne se composaient que des disparitions de la plupart de ceux qui avaient eu la témérité d'entreprendre ce dangereux voyage.

Le trajet fut long et pénible; Rébecca, dont l'émotion augmentait à chaque pas, fut obligée de s'appuyer souvent sur le bras de Gustave, qui, en ranimant son courage abattu, ne tarda pas à lui inspirer une si grande confiance qu'elle s'abandonna entièrement à lui. Après lui avoir frayé un passage au milieu de tant d'obstacles, ils arrivèrent enfin dans ce lieu de terreur et d'effroi. Rébecca, plus morte que vive, accablée de fatigue et de crainte, se reposa sur un petit tertre de verdure, à l'ombre d'une touffe de genet dont l'air était embaumé; Gustave la pressa tendrement sur son cœur. Remise de ce premier moment de stupeur, elle lui rappela le but de leur voyage ; mais quel fut son chagrin en pensant qu'elle avait oublié le blanc linge nécessaire à son épreuve! la pudeur lui défendait de se servir du mouchoir qui couvrait son sein; Gustave lui donna le sien : elle se fit une piqûre sur la main, et le teignit d'une goutte de son sang. — Allez tremper ce mouchoir dans la citerne, qui doit être au bas du grand escalier qui conduit au souterrain, lui dit-elle : si, après cette épreuve, la tache disparaît, je dois craindre pour le salut de mon âme; si, au contraire, elle y est encore, l'abbesse aura exaucé ma prière et prolongera les jours de mon père, qui lui devra l'existence!

Gustave, fidèle à sa promesse, se rendit sans hésiter dans le mystérieux séjour, d'où il revint bientôt triomphant. Rébecca ne pouvait en croire ses yeux ; des sanglots de joie la suffoquèrent, elle perdit l'usage de la

raison ; et Gustave, plus amoureux que jamais, profitant
de cet anéantissement d'elle-même et de cette discrète
solitude, mit le comble à tous ses desirs, sans respect
pour l'innocence et le malheur ! . . . . En revenant à elle,
le désordre de ses vêtemens ne lui prouva que trop le
prix que Gustave avait mis au service qu'il lui avait rendu.
Elle le repoussa avec indignation, en lui adressant les
plus amers reproches, et s'éloigna couverte de honte et
d'humiliation.

Malgré ses prières réitérées et ses menaces, jamais
Rébecca ne voulut consentir à revoir Gustave en secret ;
il en fut d'abord profondément affligé ; puis, au bout de
quelque temps, chercha des consolations dans la société
des jeunes seigneurs ses voisins, dont la vie débauchée
lui fit totalement oublier Rébecca, qui, le jour même où
elle fermait les yeux de son malheureux père, sentit
qu'elle portait dans son sein la preuve de l'infâme conduite de Gustave. — « Que devenir, grand Dieu ! où
» cacher ma honte et mes larmes ? » furent ses premiers
cris de douleur. Elle rassembla ses idées, rendit les derniers devoirs à son père, et par une résolution forte et
qui pouvait seule la soustraire aux rires moqueurs de
ceux qu'elle avait refusés pour se consacrer à la vie sainte,
quitta le cimetière à la deuxième heure de la nuit, après
avoir arrosé de ses larmes les restes inanimés de l'auteur

de ses jours, pour se rendre à l'abbaye de Stokwal, avec la ferme intention de s'ensevelir toute vivante dans cette affreuse retraite.

En passant près du bourg de Lowiska, elle vit briller plusieurs lumières à l'auberge de l'*Aigle noire*, et reconnut la voix de Gustave animant une ignoble orgie par des chants impies : un soupir s'exhala de son âme ulcérée, et son visage se couvrit de larmes.

Le jour commençait à poindre lorsqu'elle arriva à l'abbaye : elle contempla ce triste refuge avec une résignation tout angélique; mais, à l'approche de la nuit, elle sentit une terreur mortelle s'emparer d'elle; le plus léger bruit lui causait des frayeurs dont elle n'était pas maîtresse, et vingt fois elle fut sur le point de fuir cette horrible demeure. Cependant, confiante dans la protection que lui accorderait l'abbesse, elle parvient à surmonter ses craintes, et finit par se familiariser avec le danger de sa position. Privée de tous soins, et ne se nourrissant que de poisson cru, de fruit et de racine, ce fut en invoquant le secours de la nature qu'elle mit au monde un fils qu'elle éleva jusqu'à six mois, et qui mourut tout-à-coup de convulsions affreuses qui l'étouffèrent. Elle se livra au plus amer chagrin : dans son désespoir, elle s'arracha les cheveux, mit ses vêtemens en lambeaux, et, dans l'égarement de sa raison, entoura pendant la nuit le corps de son fils de vers luisans, dont elle fit une chapelle ardente, et pria pour lui jusqu'au jour. Trop certaine alors que rien ne pourrait le rappeler à la vie, elle lui creusa une fosse de ses mains, l'ensevelit, lui dit un éternel adieu, et l'enterra !... Retirée sur le tertre de verdure où elle se tenait toujours, Rébecca avait constamment les yeux fixés sur la sépulture de son fils chéri. Bientôt elle vit des oiseaux de proie s'approcher avec avidité de cet endroit où la terre avait été fraîchement remuée, pour s'y disputer ses restes : elle les chassa d'abord ; mais ils revinrent en telle quantité qu'elle fut obligée de s'éloigner pour ne pas être dévorée elle-même.

Dans ce moment, des chasseurs attirés par cet essaim de carnivores pénétrèrent dans les ruines et les dispersèrent à coups de fusil. Voulant connaître ce qui avait pu exciter leur voracité, ils exhumèrent le cadavre. A sa vue, Rébecca, qui s'était tenu cachée derrière un pan de mur, s'élança sur eux avec la rapidité de l'aigle, se saisit de son fils, et disparaît au milieu des décombres en jettant des cris, ou plutôt des hurlemens affreux, qui épouvantèrent les chasseurs, qui, la prenant pour l'abbesse, abandonnèrent la place.

La nouvelle de l'apparition d'un être mystérieux se

répandit bientôt dans tout le pays, et les chasseurs furent obligés de faire leur déposition au magistrat, qui, par une fatalité bien extraordinaire, faisait faire en ce moment la recherche d'un enfant de haut lignage et du même âge, que des collatéraux avides d'argent avaient, dit-on, fait disparaître depuis quelques jours. Une enquête fut ordonnée; la justice, escortée d'un détachement de troupe, se rendit sur les lieux et procéda aux plus minutieuses recherches.

Rébecca, retirée au fond d'un antre noir, y fut reconnue par la fixité de ses yeux, que la crainte de voir enlever son fils faisait briller d'un feu étincelant. Les archers se saisirent d'elle et du cadavre qu'ils emmenèrent à la ville, au milieu d'un concours prodigieux de monde venu de tous les environs pour voir cette femme mystérieuse, accusée d'intelligence avec l'ancienne abbesse de Stokwal. A son entrée dans la salle de justice, elle fut reconnue pour Rébecca; sa disparition depuis la mort de son père semblait accréditer tout ce que l'on racontait d'étrange sur son compte. Interrogée sur la possession et la cause de la fin violente de l'enfant qu'elle défendait avec tant d'intérêt, elle répondit que c'était un dépôt sacré que Dieu avait confié à sa garde.

Les juges, bien convaincus de la culpabilité de Rébecca,

la condamnèrent à être brûlée vive et ses cendres jetées au vent. Elle entendit prononcer sa sentence avec calme et résignation. Conduite au lieu du supplice, un vénérable pasteur l'engagea à confesser sa faute. — Je ne suis pas coupable, mon père !... Dieu seul connaît mon secret, et m'ouvrira les portes du ciel, lui répondit-elle en levant les yeux vers le Très-Haut.

Gustave, par un reste de sentiment d'humanité qui n'abandonne jamais l'homme le plus corrompu quand il voit souffrir la femme qu'il a aimée, la pressa d'avouer son crime. — Mon crime !.... lui dit-elle à voix basse, en lui serrant la main. Je suis innocente.... je le jure devant Dieu !.... Voyez le linceul qui couvre ce cadavre, et rappelez-vous le dimanche des Rameaux !.... Gustave frémit à ces mots, et sentit toute la grandeur d'âme de Rébecca, qui préférait mourir victime d'une fausse accusation que de dévoiler un secret qui pouvait le perdre à jamais. — Arrêtez ! s'écria Gustave au grand-juge, qui avait fait allumer le bûcher ; Rébecca n'est pas criminelle.... Cet enfant m'appartient ; je suis son père : vous en trouverez la preuve dans le linceul qui le couvre, et qui porte mes initiales et les armes de ma maison.

Le grand-juge ayant reconnu cette vérité, proclama à haute voix l'innocence de Rébecca. Gustave, touché jusqu'aux larmes de tant de générosité, lui offrit de partager avec lui le comté de Winski en acceptant sa main.

— Tant d'honneurs ne me sont pas réservés, lui répondit-elle ; gardez vos richesses, monseigneur : j'ai fait vœu de pauvreté, et vais finir mes jours dans un saint asile où je prierai Dieu pour vous et pour cette innocente victime.